MÉMOIRE

présenté à

Monsieur le GOUVERNEUR des Etablissements Français de l'Océanie

PAR 50 PATENTÉS CHINOIS

SUR LA QUESTION DE LA

Taxe d'Immatriculation des Patentés Asiatiques

Votée par le Conseil Général le 3 Décembre 1898.

PAPEETE
IMPRIMERIE LÉONCE BRAULT
Rue de Rivoli
—
1899

À

MONSIEUR LE GOUVERNEUR

des Établissements Français de l'Océanie

Les Sieurs :—

Nᵒˢ	1.	CHAM-AHAM,	Nᵒˢ 26.	PAN-SHIN,

N°s 1. CHAM-AHAM, N°s 26. PAN-SHIN,

N°s 1. CHAM-AHAM,	N°s 26. PAN-SHIN,
2. ASSIOU,	27. PANG-A-SHON,
3. AT-CHONG,	28. PANG-AT-HEAM,
4. ATSAO-SAN,	29. SIN-LONG-CHANG Co.,
5. CHAN-ACHEONG,	30. TCHONG-MOUT-SA,
6. SOOK-KIM,	31. TCHONG-YOU-FA,
7. LIOU-AK-HUIN,	32. TCHOUNG-FO-SA,
8. LEE-SEN,	33. TCHIN-SA,
9. LIOU-KI-CHIN,	34. TIOU-CHEUN,
10. TIOU-CHEUN,	35. TONG-SHING,
11. LY-TCHIN-YOU,	36. TONG-SIOU,
12. CHEONG-MO-KUI,	37. TCHONG-KIN-SOON,
13. AYOU-CHA,	38. TIONG-VAI,
14. TONG-YOU,	39. VON-ANI,
15. A-LEN,	40. WA-ONG,
16. TE-PING,	41. WONG-IM-CHA,
17. A-MIN,	42. WONG-TSQI,
18. WONG-SAM,	43. WONG-FA,
19. CHIN-FAT,	44. YOUN-KOUN,
20. CHI-KONG,	45. A-CHONG,
21. CHONG-A-PAO,	46. CHONG-CHIN,
22. CHONG-SAM-QUI,	47. ASSI,
23. CHUNG-TEN-FAT,	48. CHIN-KIAU,
24. LEE-SAON,	49. LIK-A-HI,
25. MOUT-HAM,	50. YAN.

Ayant Mᵉ GOUPIL pour défenseur,

Ont l'honneur de vous exposer ce qui suit :

1.

Ils exercent, tant à Papeete que dans diverses localités de l'île Tahiti, des professions les assujettissant aux impôts des patentes et licences fixes et proportionnelles établies par les arrêtés des 16 février 1881, 25 juin 1889, 28 décembre 1892 et les décrets du 1er juin 1893 et 5 mai 1896.

Il vient d'être créé à leur préjudice, sous la rubrique Taxe d'immatriculation spéciale aux Chinois résidant dans la colonie et payant une ou plusieurs patentes et licences, un impôt nouveau, qui n'est en réalité qu'un accroissement du chiffre des patentes et licences qu'ils paient déjà et dont sont exonérés tous leurs concurrents, à quelque nationalité qu'ils appartiennent.

Cette nouvelle taxe, délibérée et votée par le Conseil général des Etablissements Français de l'Océanie le 3 décembre 1898, en vertu des articles 40 et 43 du deuxième décret du 28 décembre 1885, a été rendue provisoirement exécutoire par votre arrêté du 22 décembre dernier, inséré au *Journal officiel* du 29 du même mois.

Les exposants entendent se pourvoir contre cette délibération et cet arrêté, qu'ils estiment injustes et illégaux, mais préalablement à toute demarche administrative ou judiciaire, ils désirent, Monsieur le Gouverneur, vous exposer les raisons qui militent en faveur du retrait de ces mesures.

Le Conseil général, — et avant lui le Conseil colonial, — a, dans diverses délibérations résumées dans le procès-verbal de la séance du 1er décembre 1897, épuisé, semble-t-il, la liste des griefs reprochés aux Chinois en général et aux commerçants chinois en particulier. Voici ces griefs :

1o. La santé publique est en péril ;

2o. La moralité publique ne l'est pas moins ;

3o. Le commerce français n'est plus possible ;

4o. L'afflux des Chinois prend les proportions d'une invasion.

Toutes les discussions auxquelles cette question des Chinois a donné lieu depuis qu'elle a été soumise au Conseil Colonial le 19 novembre 1883 et, avant comme après cette date, soit à la Chambre de Commerce, soit au Conseil général, démontrent que les griefs numérotés un deux et quatre ne sont que l'encadrement jugé nécessaire du numéro trois, le seul qui ait été l'objet de développements importants.

En effet, la santé publique n'a jamais été plus menacée par l'élément chinois que par l'élément indigène de la ville, qui vit un peu pêle-mêle, négligeant les précautions d'une saine hygiène.

Les Chinois n'ont pas, contrairement à ce qui a été allégué, introduit dans ce pays de maladies à eux spéciales, et la lèpre elle-même ne peut, malgré les assertions de leurs adversaires, leur être imputée, ce mal ayant été trouvé ici par les premiers navigateurs (1). Quant à leur moralité, contestée parce qu'ils jouent et tolèrent ou favo-

---

(1) V. Mœrenhout, v. II, p. 155 et 156.

lisent la débauche, elle n'est ni pire ni meilleure que celle de nombre d'autres habitants. Une brebis ne fait pas le troupeau et, s'il y en a de galeuses venues de Chine, elles en ont trouvé ici à ce point expérimentées que leurs plaies morales ne se pourraient décrire qu'en latin. Il suffira du reste de remarquer que notre ville tient garnison et que notre port est fréquenté par des navires de guerre et de commerce pour faire comprendre l'existence de certaines mœurs, des plus regrettables sans doute, mais à l'immoralité desquelles l'élément chinois n'a rien ajouté.

Resterait le jeu. — Pourtant là encore les Chinois n'ont rien enseigné aux indigènes.

Ceux-ci se passionnent pour tous les jeux de hasard et s'intéressent autant aux loteries qu'aux cartes, ce que les nombreux amateurs du pari-mutuel et les membres des Cercles où l'on joue, qui ne sont ni des Chinois, ni des Polynésiens, leur pardonneront certainement.

Ces reproches sont puérils, et la preuve que le véritable grief est d'ordre exclusivement commercial c'est que les *patentés* seuls sont visés par les mesures fiscales votées le 3 Décembre dernier, ce qui permet de dire que, pour leurs adversaires, les Chinois ne sont pas dangereux pour la colonisation lorsqu'ils se livrent au jeu et à la débauche mais seulement lorsqu'ils sont commerçants. La proposition semble paradoxale mais, si l'on songe que ceux des chinois qui se livrent à la débauche sont généralement inaptes aux affaires, sont rarement des patentés, et ne peuvent être par suite des rivaux pour les non-asiatiques, il faut nécessairement reconnaître que ce sont les commerçants sérieux, les chinois de bonne vie et mœurs, veillant à leurs intérêts et soignant leur clientèle, qui sont des concurrents gênants; que ce sont ceux-là seuls que l'on veut atteindre et contr'eux seuls que la campagne qui vient d'aboutir a été entreprise.

Si l'on examine le prétendu grief tiré de l'afflux, de l'invasion, de cette marée chinoise qui submerge l'élément commercial FRANÇAIS et le forcerait, assure-t-on (1), à DÉSERTER NOS RIVES POUR SE FAIRE PLANTEUR, on remarque qu'il est encore moins fondé que les autres, étant absolument contraire à la réalité des faits.

II.

La dépêche ministérielle du 13 mai 1898 écrite au Gouverneur en réponse au vote de diverses taxes anti-chinoises dans la séance du Conseil général du 1er décembre 1897, constate l'inexactitude de cette allégation et le peu de fondement des appréhensions exprimées — Voici les termes de cette dépêche :

« Malgré le désir que j'aurais eu d'entrer dans les vues qu'ont, à plusieurs reprises, ex-
« primés les pouvoirs locaux en ce sens, il ne me paraît pas possible de soumettre à l'exa-
« men du Conseil d'Etat et à la sanction du Président de la République, un ensemble de
« mesures d'un caractère aussi nettement prohibitif.

« Malgré les indications que fournit votre lettre précitée sur l'arrivée récente à Tahiti
« d'un certain nombre de Chinois qui paraissent devoir s'adonner exclusivement au négoce,
« je ne saurais partager complètement les appréhensions du Conseil Général et les vôtres
« sur l'envahissement progressif et continu de la colonie par les commerçants de cette race.
« Je relève, en effet, dans un état statistique annexé à la lettre de votre prédécesseur du 12
« avril 1897 que, du 1er janvier 1887 à cette dernière date, le mouvement de la population

---

(1) V. "Messager de Tahiti" de 1883, p. 339, 1re col., ligne 61.

« chinoise aurait eu plutôt une tendance à décroître : de 371 Asiatiques, elle passe à 342 ;
« le même document fait ressortir, d'autre part, que les patentés asiatiques étaient en 1896,
« à Papeete, au nombre de 37 et de 11 dans les districts, soit un total de 48, alors qu'en
« 1887 le chiffre des patentés asiatiques s'élevait à 42. » (1).

Ces chiffres étaient si éloquents et détruisaient d'une façon si complète l'argument tiré de L'ENVAHISSEMENT PROGRESSIF ET CONTINU de la colonie par les Chinois qu'ils eurent un vilain accueil à la séance du Conseil général (2 août 1898), où ils furent communiqués, et le Gouverneur de la Colonie M. Gabrié qui les avait fournis au Département fut, de son côté, l'objet de vives critiques. On lui reprocha de n'avoir pas fait son devoir de PATRIOTE, en révélant au ministre des faits qui, connus de lui, DEVAIENT NUIRE AUX INTÉRÊTS DE LA COLONIE (*sic*) puis, ne pouvant nier les chiffres, les adversaires des Chinois soutinrent que :

Les Chinois décédés ou partis du pays durant la période 1887-97 étaient des agriculteurs ou des domestiques, tandis que tous ceux débarqués depuis le 1er janvier 1887 étaient venus faire le négoce, principalement dans ces derniers temps. De sorte que, bien que la colonie asiatique diminuât en apparence, le péril pour le commerce FRANÇAIS augmentait en réalité à cause du plus grand nombre de trafiquants qui s'installaient dans le pays, ce que M. Gabrié omettait de faire ressortir. C'était d'ailleurs surtout dans les derniers mois du gouvernement de M. Gabrié (2) que le mouvement d'immigration de commerçants chinois s'était accentué, et si ce haut fonctionnaire n'a pas signalé le danger, c'est qu'il mettait un entêtement calme à ne pas le voir (3).

Autant d'assertions, autant d'erreurs ainsi qu'il va être démontré.

D'abord il n'est pas exact que la dépêche du 12 avril 1897 ait omis de faire ressortir le nombre des trafiquants de 1896 par rapport avec celui de 1887, puisqu'elle l'indique expressément, en accusant 42 patentés pour 1887 et 48 pour 1896.

D'un autre côté, les agriculteurs et les domestiques ne quittent pas la colonie vivants.
Les maigres profits de leur situation ne leur permettent pas de réaliser ce rêve de tout bon chinois: dormir auprès des ancêtres. Cependant leurs ossements retournent par fois au pays natal, lorsque la famille est assez riche pour y pourvoir. Ce n'est donc pas le départ de cette catégorie de personnes qui a motivé la diminution signalée.
Ne serait-ce pas plutôt celui des marchands eux-mêmes qui, enrichis par le commerce, sont retournés chez eux lorsque l'occasion leur a semblé favorable ?
Il y paraît au moins si les chiffres suivants, tirés des Annuaires de la Colonie de 1885 et 1898 ont bien leur signification:

[TABLEAU

---

(1) V. Recueil des Procès-Verbaux du Conseil général de 1897-98, p. 460.
(2) M. Gabrié a été remplacé par M. Gallet le 31 janvier 1898.
(3) Arguments présentés au Conseil général le 2 août 1898.

Nombre et localités des Chinois patentés.

Années	Tahiti	Moorea	Marquises	Tuamotu	Gambier	Tubuai	Totaux
1885	59	3	9	1	1	0	**73**
1898	52	0	4	1	6	0	**63**

Différence en moins. **10**

Ainsi, au cours d'une période qui remonte au 1er janvier 1885, pour finir au 1er janvier 1898, qui ajoute par conséquent quatre années à celle, décennale, visée par la dépêche du 12 avril 1897, et qui devrait par conséquent faire ressortir, en l'accentuant, le prétendu accroissement du commerce chinois, il se trouve au contraire que le nombre des commerçants de cette nationalité a décru de 13,6 0/0 !

Si la perte de dix unités s'était produite ailleurs qu'à Tahiti et à Moorea, on pourrait supposer qu'elle est restée ignorée des personnes qui, au chef-lieu, s'occupent de la question, mais cette supposition est tout-à-fait impossible, puisque Tahiti, qui comptait 59 commerçants chinois en 1885 n'en compte plus que 52 en 1898, et que Moorea qui en possédait 3 n'en a plus du tout.

Il est donc évident que tous ceux qui ont allégué l'afflux, l'invasion des Chinois, n'ont pas cherché à se renseigner aux sources, pourtant officielles et publiques, qu'ils avaient sous la main et que, ne tenant compte que des arrivages et jamais des départs ou des décès, ils ont, pour sauvegarder ce qu'ils croient être leurs intérêts, proclamé un péril purement imaginaire.

Et la preuve que ce péril est bien imaginaire résulte encore de la contre-épreuve que voici :

Déjà, il y a 18 ans, on reprochait aux Chinois de s'être faits peu à peu trafiquants. Humbles, modestes dans le principe, ils tenaient alors AVEC ARROGANCE la majeure partie du détail, ayant mis dans l'impossibilité de lutter contre eux les Européens leurs rivaux. Sans bruit, sans éclat, lentement mais sûrement, grâce à la disproportion existant entre leurs besoins et les nôtres, ils étaient arrivés à tenir pour ainsi dire le haut du pavé (1). ·

A la séance du Conseil Colonial du 19 novembre 1883, des plaintes étaient exhalées.

---

(1) L'*Océanie Française*. 1883. P. 96.

Voici l'une d'elles. A propos de la prétendue invasion des commerçants chinois, l'un des membres de cette assemblée disait:

« Les affaires souffrent, ÉTANT RÉPARTIES EN TANT DE MAINS (*sic*). Nous traversons depuis « plusieurs mois une véritable crise ; il est temps d'y remédier. Déjà UN GRAND NOMBRE de « nos nationaux ont été obligés de céder la place et de quitter le petit commerce qui les « faisait vivre pour se faire planteurs ; la concurrence chinoise les a chassés.»

Sans relever ici la singularité de cet argument: que les affaires souffrent lorsqu'elles sont réparties en beaucoup de mains, il faut retenir de ce qui précède qu'alors comme aujourd'hui il était allégué que les commerçants chinois tenaient le haut du pavé et chassaient les autres.

S'il en était ainsi, le nombre des patentés non-asiatiques eût dû se trouver considérablement réduit. Or, c'est le contraire qui est arrivé :

Il y avait en 1885 à Tahiti et à Moorea 123 patentés non-asiatiques.
Il y en avait en 1898   150   (1)

D'où un gain de 27, au lieu de l'énorme perte que l'exode allégué faisait présumer.

Ainsi, en 14 ans, les patentés asiatiques ont diminué de 10 et les non-asiatiques ont augmenté de 27.

Et c'est pour sauver les commerçants non-asiatiques de L'ENVAHISSEMENT PROGRESSIF ET CONTINU des commerçants chinois à Tahiti que des mesures destructives de leur commerce ont été adoptées!

Comment le soutenir aujourd'hui ?

Et c'est au nom du commerce FRANÇAIS et pour protéger ce commerce que cette mesure a été prise dans un pays où les capitaux commerciaux sont en grande partie allemands, américains et anglais !

Comment le croire ?

Non, ces inquiétudes patriotiques ne sont pas ici à leur place. Détruire le commerce asiatique ne profitera qu'au commerce non asiatique, dans lequel le négoce français tient une place honorable sans doute, mais qui n'est malheureusement pas la plus considérable.

Si d'ailleurs le doute pouvait exister sur le caractère de la querelle cherchée aux Asiatiques, il disparaîtrait devant ce fait que les marchands étrangers font cause commune avec les Français dans cette querelle, qui est donc bien exclusivement COMMERCIALE et nullement NATIONALE, quoique présentée comme telle.

Ce dernier argument n'est donc pas plus fondé que les autres et il faut chercher ailleurs le véritable motif de la campagne qui, inaugurée il y a plus de 20 ans (2), vient — sans raison nouvelle apparente — d'aboutir à la création de patentes supplémental-

---

(1) V. les Annuaires, 1885 et 1898.
(2) En 1877, au Comité d'agriculture et de commerce, où il était question de refuser toute patente aux Chinois. V. *Messager de Tahiti* de 1877. P. 221.

res, déguisées sous le nom de « Taxes d'immatriculation » à l'usage exclusif des commerçants asiatiques.

Ce motif est uniquement dans la difficulté qu'éprouve le commerce de détail à soutenir la concurrence asiatique, difficulté reconnue, admise, mais qui n'est pas insurmontable et qui peut être vaincue, ainsi qu'elle l'est parfois, d'ailleurs, par des Européens sobres, soigneux et diligents. Ces qualités que les commerçants chinois possèdent à haute dose sont tout le secret de leurs succès. On l'expliquera plus loin.

Il s'agit d'examiner maintenant si le gouvernement, mieux éclairé — parce que moins aveuglé — que les promoteurs des taxes délibérées le 3 décembre 1898, considérera cette concurrence comme utile ou nuisible à la colonisation, et s'il doit la maintenir ou la supprimer.

III.

Pour juger impartialement la question, il faut ajouter d'autres renseignements à ceux déjà fournis. Dans ce but, nous croyons devoir reproduire ici un article de l'*Océanie Française* publié le 12 juin 1883. Bien qu'il date de 18 ans, ses arguments peuvent servir encore. On y trouvera l'histoire de la question chinoise à Tahiti et les causes du développement commercial qui a suivi l'installation des commerçants de cette nationalité.

LA QUESTION CHINOISE

Au commencement de l'année 1871, l'Autorité supérieure, alors représentée par M. le capitaine de vaisseau de Jouslard, fut profondément troublée à la pensée que les Chinois de la plantation d'Atimaono, au nombre de cinq ou six cents, allaient, par suite de leur contrat d'engagement et de l'impossibilité où se trouvaient les engagistes de les repatrier dans les conditions établies par ce contrat, se répandre dans le pays, où ils devaient pensait-elle, porter le désordre. Ces appréhensions étaient surtout basées sur ce que les sujets expédiés de Chine à l'étranger par les Compagnies d'immigration étaient choisis dans la lie du peuple du Céleste Empire. Quelques personnes partagèrent à ce moment les craintes de l'autorité et ne virent pas sans effroi, ces longues files de travailleurs bizarrement accoutrés (ceux qui l'étaient) se dérouler sur le chemin de ceinture et dans les rues de Papeete, où ils furent reçus pêle-mêle par quelques-uns de leurs compatriotes déjà établis dans la ville. L'Administration prit immédiatement des mesures pour les renvoyer au plus tôt dans leur patrie et le brig *Rita* fut chargé de repatrier un premier contingent.

D'autres personnes, parmi lesquelles nous ne craignons pas de nous compter, bien que peu versées en matière d'économie sociale, virent dans ces gens-là un élément de prospérité pour le pays et firent tous leurs efforts pour empêcher l'autorité de donner suite à son projet. Elles réussirent et le brig *Rita* quitta le port sans emmener un seul de ces hommes qui, ainsi que nous espérons le démontrer, n'ont cessé de fournir la population l'exemple du travail et de la soumission aux lois.

Des permis de résidence leur furent accordés par le commandant Girard à la fin de 1871, et chacun d'eux put, dès ce moment, se livrer en toute sécurité aux occupations qui pouvaient lui plaire ou assurer sa subsistance. La plus grande partie se répandit dans la campagne, ils y louèrent des terres jusqu'alors en friche, qui, sans eux, le seraient encore ; d'autres firent aux environs de la ville, des jardins potagers, d'autres enfin cherchèrent dans le commerce de détail, notamment dans le colportage, et dans d'autres petites industries, la solution du problème qui, si sobres qu'ils soient, se pose néanmoins pour eux comme pour nous chaque matin.

Douze années ont passé sur cet évènement ; c'est plus qu'il n'en faut pour conclure en connaissance de cause sur la conséquence de la présence de ces hommes dans le pays. Ses dangers comme ses avantages sont aujourd'hui facilement appréciables et la discussion sur ces points ne saurait s'égarer dans le domaine des hypothèses ; les résultats sont là, patents, manifestes; pessimistes et optimistes, ont aujourd'hui une base sérieuse d'argumentation qui leur faisait défaut autrefois.

Examinons ces résultats.

A l'époque où les Chinois ont été mêlés à notre vie sociale, ils y ont pénétré comme un coin dans une pièce de bois, le coup de marteau étant complaisamment donné par la population elle-même.

Un coup d'œil rétrospectif est ici nécessaire.

Autrefois, le marché de Papeete eut fait le désespoir d'un légumiste, la moindre botte de radis valait un franc, le chou était inabordable pour les petites bourses, et nous n'exagérons rien en assurant que la plupart du temps, des relations personnelles et même amicales avec le maraîcher étaient nécessaires pour pouvoir acheter sa marchandise.

Le charbon de bois qui se paie aujourd'hui 1 franc le panier, valait 2 fr 50. Un ménage faisant sa cuisine au charbon dépensait 75 francs par mois rien qu'en combustible. A cette époque, un client entrait dans un magasin, le commis sifflait en regardant le plafond et ne daignait s'apercevoir de son arrivée que lorsque ce dernier se décidait à lui adresser la parole ; tous, marchands, voituriers, bouchers, perruquiers, restaurateurs, boulangers, faisaient en un mot, sentir au consommateur qu'il était à leur merci.

Les Chinois ont profondément modifié cet état de choses; la population, depuis leur installation a trouvé à meilleur compte les vivres indispensables, et c'est aujourd'hui le vendeur qui, sans croire abdiquer pour cela une miette de sa dignité, se met au service de l'acheteur le plus modeste.

Mais non-seulement les Chinois ont amélioré le sort du consommateur en mettant à sa portée certains articles de première nécessité ; ils ont créé une industrie nouvelle, celle de la préparation du café, du thé et du chocolat, qui, dès son apparition, a été vue avec la plus grande faveur par tout le monde et notamment par les indigènes auxquels elle est venue rendre un immense service. Aujourd'hui le Tahitien n'est plus obligé de se charger de vivres pour venir à Papeete et de limiter son séjour à la durée de ces vivres. Il trouve chez le chinois, du pain, du beurre, et du café ; bon nombre de ceux qui habitent la ville en font maintenant presque exclusivement leur nourriture et ce n'est pas seulement à Papeete que ces denrées se consomment, les indigènes des districts eux-mêmes ont pris l'habitude de manger du pain ainsi assaisonné.

Il y a en ce moment en dehors du chef-lieu *dix sept établissements* tenu par des Chinois à Tahiti et à Moorea, fournissant aux indigènes un repas, quelquefois le seul de la journée moyennant cinquante centimes généralement payés en produits qui sont acheminés ensuite sur Papeete. Les œufs et la volaille que nous trouvons au marché y viennent surtout de cette manière.

La consommation du pain, du sucre, du café et du beurre, a pris ainsi des proportions presqu'invraisemblables.

Les petits employés et les ouvriers trouvent chez les restaurateurs chinois, une alimentation abondante et saine à un prix modique et certains établissements principalement fréquentés par des indigènes, servent aujourd'hui des repas à *un franc*.

Les dix-sept établissements dont nous venons de parler, ne se contentent pas d'attendre la pratique : ils la sollicitent en faisant colporter de maison en maison le pain et les marchandises les plus courantes ; ce procédé a eu pour résultat de doubler le chiffre des importations et explique l'augmentation toujours croissante du tonnage des navires qui nous relient à l'Amérique. Cet accroissement du mouvement commercial a permis l'établissement à côté des magasins chinois, de magasins français et étrangers dans la proportion de quatre pour un qui existait avant 1871, le commerce de détail français notamment, a pris une extension considérable et le correspondant dont nous publions le cri d'alarme, sous un transparent anonyme, est précisément un de ceux qui ont le plus à se féliciter d'être entrés dans la lice après l'établissement des Chinois à Papeete ; d'autres que lui ont réussi et réussiront encore à amasser très promptement et très honorablement des fortune assez rondelettes, après quoi ils iront comme leurs collègues, dans leurs pays respectifs, jouir tranquillement du fruit de leurs peines.

Ainsi, on le voit, au début, les Chinois qui ont fait le commerce à Tahiti y ont été introduits par les habitants eux-mêmes, en qualité d'immigrants, pour cultiver leurs terres, et c'est parce que ces habitants ont failli à l'engagement qu'ils avaient contracté de les rapatrier que les Chinois se sont vus contraints de rester dans la colonie et de chercher à y vivre. Les uns ont réussi, d'autres ont échoué; quelques-uns d'entre eux sont devenus des domestiques après avoir été des maîtres, d'autres sont partis pour le pays natal avec quelque argent, et le plus grand nombre est mort.

Dans la lutte de ces hommes pour la vie, le pays a grandi commercialement, la population s'est enrichie par l'écoulement plus aisé des produits; la vie a été facilitée par le bon marché et l'abondance des denrées de première nécessité. L'indigène, indolent par nature, voyant que le moindre effort lui procurait immédiatement des avantages pécuniaires appréciables, que des objets autrefois sans valeur pour lui faute d'écoulement, étaient sollicités par les colporteurs asiatiques, qui les dirigeaient à leur tour sur le marché, a contracté des habitudes qui ont développé chez lui le goût du travail et l'ont, pour ainsi dire, transformé.

Il ne peut plus se passer du repas du matin, et, chose vraiment incroyable, ce repas ne lui coûte plus aujourd'hui que 22 centimes au lieu de 50. On peut dire même qu'il ne lui coûte que 11 centimes, car la quantité suffit à nourrir deux personnes.

<h3 style="text-align:center">IV.</h3>

Le commerce des chinois a-t-il été utile à la colonisation ?— Oui. Il l'est encore; il le sera toujours, par la nature des choses. Jamais l'Européen n'ira solliciter l'indigène; jamais, d'ailleurs, il ne se contenterait du bénéfice infime qu'accepte l'Asiatique. Il aurait dû se souvenir que ce sont les petits commerçants qui font vivre les gros et rester dans son rôle de négociant de haut vol, laissant au chinois le sien, qui est celui d'un agent de distribution merveilleusement doué pour ce travail qui exige l'humilité, la patience, la sobriété et une activité qui ne se démentent jamais. Si la place doit rester au plus apte, et il paraît juste qu'il en soit ainsi, le Chinois la gardera car lui seul a pu et pourra en extraire son maximum de rendement.

Tout cela est, nous le répétons, l'évidence même, mais, à côté de ces agents infatigables auxquels les habitants des districts doivent de plus grandes facilités d'existence il y a les quelques négociants chinois de Papeete qui importent des marchandises de San Francisco, généralement par l'intermédiaire d'un négociant français, moyennant une simple commission. Jamais cet intermédiaire ne leur a manqué et, détail vraiment piquant qu'il fallait noter ici, cet intermédiaire est, depuis assez longtemps déjà, le plus tenace et le plus résolu de leurs adversaires, celui qui aura incontestablement le droit de revendiquer la paternité de la mesure anti-libérale et profondément injuste contre laquelle le commerce chinois proteste ici.

Sans doute, des boutiquiers européens qui, du seuil de leur porte, voient l'indigène entrer plus volontiers chez l'Asiatique en éprouvent du dépit et crient à la ruine, mais ce qu'ils disent aujourd'hui des Chinois ils le diront demain de tout autre commerçant, même européen, qui saura mieux qu'eux attirer la pratique, et si le législateur fiscal intervient pour entraver cette concurrence, il sera toujours fort occupé, au grand détriment du consommateur. Il faut donc se résigner à cet état de choses, et il semble que cette résignation est d'autant plus facile que ceux qui se plaignent de ce qu'ils considèrent comme un fléau, — dont ils vivent pourtant sans s'en apercevoir, — en sont, en grande partie, responsables, et que ce prétendu fléau est, en réalité, pour la colonie, un incontestable bienfait.

Ces commerçants asiatiques de Papeete qui importent maintenant leurs marchandises sont ceux qui, venus d'Atimaono en haillons en 1871, ont été commandités par les commerçants européens de la place. C'est chez ces derniers surtout, qui détenaient le commerce, que ces hommes sans argent, sans vêtement, ont trouvé du crédit pour s'établir, et ce sont des millions qui, depuis 27 ans, ont été échangés entre ces deux éléments du commerce local. Depuis quelques années, il est vrai, les anciens marchands asiatiques, soit qu'ils meurent, soit qu'ils partent, sont remplacés par de jeunes hommes entreprenants, munis des capitaux nécessaires, et ils font des affaires avec plus d'ostentation et dans des locaux plus convenables que ne le faisaient leurs prédécesseurs. Mais il ont attiré ainsi l'attention, plus encore que par le passé, et, par suite une recrudescence d'attaques que l'intérêt supérieur du COMMERCE DE LA COLONIE doit faire repousser.

N'est-il donc pas vrai que le consommateur profite de la concurrence, d'où qu'elle vienne? N'est-il donc pas exact que le pays est plus riche s'il exporte 3 millions avec les Chinois que la moitié de ce chiffre sans eux ? Sans doute, il est toujours aisé de prétendre que si les Asiatiques n'étaient pas là d'autres prendraient leur place et feraient ce qu'ils font, mais il faudrait plaindre la colonie si elle en faisait l'expérience. Quoi, des Français iraient chez les indigènes quérir de porte en porte des volailles, des œufs, des fruits, en échange de leur pain ou autres marchandises? Mais alors pourquoi ne l'ont-ils pas fait avant 1871, et pourquoi ne le font-ils point là où il n'y a pas encore de ces Asiatiques, à Moórea, par exemple, qui n'en compte actuellement pas un seul, et qui en a autrefois possédé plusieurs? A Tautira, vierge de tout contact avec eux, et partout enfin où il en manque encore?

Non, ne faisons pas cette douloureuse expérience. Laissons les 52 patentés asiatiques vivre à côté des 150 autres qui ne le sont pas, et ne transformons pas — ce qui arriverait certainement par la destruction du commerce chinois,—la ville de Papeete en nécropole. Elle a grandement besoin de s'étendre encore, et si les Célestes doivent seuls fournir l'élément de cette extension, acceptons-les avec joie. Tout ce qui peuplera ce pays encore désert relativement à son étendue — plus de cent îles où les bras font défaut pour recueillir les récoltes, même les plus précieuses,—doit être bienvenu ! Les commerçants comme les autres doivent être accueillis avec faveur, surtout si, par de judicieux tarifs,— qui nous manquent encore,— on les force à écouler des marchandises françaises, car le véritable commerce français, le voilà; ce qui le constitue ce n'est pas la nationalité du marchand, mais celle de la marchandise. Que nos industriels de France écoulent leurs produits dans nos colonies, voilà ce qui, à bon droit, importe avant tout au commerce de la France. Peu lui chaut que celui qui vendra le mieux ses articles manufacturés soit Asiatique, Anglais ou Malgache.

C'est l'opinion d'hommes dont le patriotisme ne peut être suspect (1), et qui ne voient aucun inconvénient à la présence de commerçants étrangers dans nos colonies, mais qui voudraient, justement selon nous, que ces étrangers y trafiquassent exclusivement au profit de nos industriels.

Le but poursuivi par le commerce non-asiatique doit éclairer le Gouvernement et lui démontrer le danger que courent les consommateurs et les petits commerçants eux-mêmes, qui s'approvisionnent sur la place. Diminuer le nombre des commerçants importateurs ferait augmenter le prix des marchandises. Cela est si vrai, que si le Gouvernement le voulait, il trouverait dès demain sur la place un négociant qui lui don-

---

(1) Appel de la Ligue des Patriotes au commerce colonial. Discours du président Déroulède n Rouen, le 22 juin 1884.

nerait au besoin 200.000 francs et plus, c'est-à-dire une somme bien supérieure au rendement des patentes pour le monopole du commerce dans nos Etablissements. Cet impôt serait en réalité payé par le consommateur, et le fermier de ce monopole gagnerait vite une colossale fortune. D'où vient que cela ne se fait pas ? C'est que la population entière se soulèverait contre un acte qui la livrerait aux exactions de cet unique marchand. Or, ce qui serait une erreur économique avec un marchand ne change pas de caractère avec plusieurs, bien que, dans ce cas, le péril soit moins accentué, et l'on peut dire avec certitude que toute mesure qui apporte une entrave quelconque à la libre expansion du commerce par l'extension du nombre des commerçants est un pas fait vers le monopole de ceux qui tiennent boutique à ce moment. Il faut, pour rester dans la vérité, que le nombre des commerçants soit proportionné à celui des consommateurs, mais aucune règle, en dehors du libre jeu de la concurrence, ne peut servir à déterminer cette proportion.

La patente supplémentaire infligée au commerce chinois se répercutera sur le consommateur, sur celui qui travaille et qui a besoin d'être aidé plutôt que surchargé d'impôts. Les petits trafiquants des districts, qui sont aussi imposés, le seront de deux manières, ayant à payer directement leur propre taxe et indirectement celle du marchand de Papeete qui les approvisionne. L'impôt sera donc, quant à son chiffre, ou tolérable et il sera payé par la clientèle, ou intolérable, et le commerçant disparaîtra. C'est ce dernier but que poursuivent les adversaires intéressés des Asiatiques, celui que le gouvernement est, par conséquent, appelé aujourd'hui à sanctionner ou répudier. L'objet de ce Mémoire est de l'aider à prendre une décision en connaissance de cause.

V.

Nous l'avons dit plus haut : le pays est désert, les terres en friche faute de bras. Qui va peupler la Colonie, dont la natalité est depuis quarante ans stationnaire ? Des Français de France ? — Où sont-ils ?... La France n'en a plus assez pour elle, et ses habitants n'augmentent pas, alors que son territoire colonial s'agrandit. Eh ! bien, les Chinois font souche avec les indigènes, car ils n'amènent pas de femmes avec eux. Leurs enfants sont des Tahitiens comme les autres et ne parlent que le maori ou le français jamais le chinois. Ceux-là restent attachés au sol qui les a vu naître, quoiqu'il advienne de leur père, et contribuent à leur tour à l'accroissement de la population.

Nous l'avons dit ailleurs (1) :

« Les victoires économiques, comme les victoires militaires, sont aux gros bataillons, et « ceux-là se forment autour de nous avec une inquiétante rapidité : les Etats-Unis, l'An- « gleterre et l'Allemagne en sont d'étonnantes preuves. Pour combattre cet envahissement « qui menacera un jour notre empire d'outre-mer, il nous faut des Français, et puisqu'il n'y « en a pas assez, il en faut faire.

Avec quoi ?

« Avec tout. Appelons toutes les races à la rescousse ; ouvrons grandes toutes les por- « tes, attirons à nous toutes les énergies, toutes les initiatives, et francisons le tout avec « le maître d'école. De même que les Canadiens et les Louisianais sont dévoués à l'Angle-

---

(1) *Quinzaine coloniale*, No. du 25 octobre 1898.

« terre et à la Constitution américaine, la France et ses colonies auraient dans ces nouveaux
« venus dans la famille française de vaillants défenseurs au jour des grandes et décisives
« luttes.

« A ceux qui ne seront pas de notre avis, voulez-vous, je vous prie, révéler que, sur les
« 300,000 habitants, chiffre minimum que nos Etablissements de l'Océanie peuvent nour-
« rir et dont ils ont besoin pour être prospères, nous en avons tout juste 25.000, et leur
« demander de parfaire les 275.000 qui nous manquent avec des Français deFrance ou seu-
« lement nous indiquer où nous pourrions les prendre? »

L'école française qui nivelle tout. Voilà le remède au mal si l'introduction des étrangers en était un ; ce qui se passe autour de nous en est un décisif exemple. Nous voyons
à Papeete des jeunes gens nés dans ce pays de parents français, américains, anglais,
allemands, italiens, grecs, chinois ; aucun d'eux n'a vu le pays de ses ancêtres ; tous
parlent le français et le tahitien ; ils n'ont pas d'autre patrie que Tahiti, et les préjugés
de races ont si bien disparu pour eux par la necessité de s'adapter au milieu où ils
vivent, qu'ils seraient certes bien étonnés, ces jeunes gens, si, le moment venu, on
leur interdisait de défendre le pavillon de la France qui couvre aujourd'hui ce pays où
ils ont vu le jour, le seul qu'ils connaissent et qu'ils aiment.

On cite fréquemment par opposition à notre misère, l'incroyable prospérité des Iles
Sandwich, qui font un commerce de 113 millions de francs et dont le territoire n'est
guère plus vaste que celui de nos établissements. Veut-on connaître la raison de cette
prospérité ? A notre avis la voici :

Population des Iles Sandwich (1)

Indigènes et métis,	39,504
Européens,	33,711
Chinois,	13,734
Japonais,	19,382
Américains,	2,266
Polynésiens,	424

La population des Etablissements de l'Océanie est de   30.438   (3)

y compris 311 hommes de troupes de terre et de mer. On peut estimer à 1,500 la proportion d'Européens et à 300 celle des Asiatiques.

Le commerce des Etablissements pendant l'année 1896 n'a été que de 6.193.844 fr. 87.

Ces chiffres ne comportent pas de commentaires !

---

(1) Recensement de l'année 1896 tiré de l'Annuaire Havaïen de 1898

(2) Les Norwégiens figurent pour 22,329 ; les Allemands, 8.232 ; les Anglais, 912 ; et
les Français 216.

(3) Ce chiffre comprend : Malao, les Iles-Sous-le-Vent, Rurutu et Rimatara.

Nous croyons avoir suffisamment démontré que la taxe votée est injuste et inopportune. Examinons-la maintenant au point de vue de sa légalité.

VI.

Le droit du Conseil Général en matière de taxes et contributions autres que l'octroi de mer et la douane est écrit aux articles 40, § 22 et 43 § 5 du 2ᵉ décret du 28 Décembre 1885 ainsi conçus :

Art 40 § 22. — Le Conseil Général statue définitivement sur les objets ci-après désignés, savoir... vote des taxes et contributions de toute nature nécessaires pour l'acquittement des dépenses de la Colonie, sous la réserve indiquée en l'article 45.

Art. 43 § 5. — Le Conseil Général délibère sur le mode d'assiette et les règles de perception des contributions et taxes.

Enfin l'article 44 du même décret porté que les délibérations prises par le Conseil Général sur les matières énumérées en l'article 43 sont approuvées ou rejetées par Décret rendu sous la forme de règlement d'administration publique; que, toutefois, un arrêté du gouverneur en Conseil privé peut rendre provisoirement exécutoires les délibérations sur le mode d'assiette et les règles de perception des contributions et taxes.

L'arrêté du 27 Décembre dernier a donc été pris dans la plénitude apparente du droit du Gouverneur et cette mesure provisoire ne pourrait être critiquée, si le droit du Conseil Général à voter cette taxe et à régler son assiette n'était pas contestable.

Il semble au premier abord, que les expressions: VOTE DES TAXES ET CONTRIBUTIONS DE TOUTE NATURE, renferment, par leur généralité, les facultés les plus étendues, et que tout, les personnes comme les choses, peut être taxé au gré du Conseil Général.

Il n'en est pourtant pas ainsi. On remarque comme ressortant du texte lui-même, qu'une taxe quelconque votée en vue de besoins ou de préoccupations autres que *budgétaires* ne serait pas légale. Il faut qu'elle soit nécessaire à l'acquittement des dépenses de la Colonie pour rester dans la lettre comme dans l'esprit de la loi. Si elle s'écarte de cette règle, si elle ne remplit pas cette condition, elle est entachée d'illégalité et doit demeurer stérile. Sans doute — on ne manquera pas de le dire — rien n'est plus facile que de rendre la taxe nécessaire à l'acquittement de ces dépenses, il suffit pour cela d'en voter de quelconques — on n'a que l'embarras du choix — pour créer cette nécessité. Toutefois le stratagème n'est pas aussi aisé qu'il le paraît. La question chinoise n'est pas seulement fiscale, ou plutôt sa fiscalité n'est pas un but, mais un moyen. Le véritable but, tel qu'il ressort des discussions et des propositions de toutes sortes auxquelles elle a donné lieu, est de fermer l'accès de la Colonie aux commerçants chinois. A raison de ce but la question devient économique et politique ; économique puisqu'elle touche à l'expansion du commerce général de la Colonie à laquelle les adversaires des marchands chinois trouvent qu'ils participent plus qu'il ne convient, et politique, puisqu'elle concerne des personnes de nationalité étrangère, dont le Souverain a d'ailleurs passé avec la France des traités politiques. Il ne semble pas rationnel que le Conseil Général puisse prendre des mesures ayant ce double caractère, en les couvrant d'une dénomination fiscale qui n'est ainsi qu'un masque. Aussi n'est-on pas surpris de lire dans le paragraphe final de l'article 46 du Décret qui a constitué cette assemblée, la disposition suivante :

Tous vœux politiques lui sont interdits. Néanmoins il peut émettre des vœux sur toutes les questions économiques et d'administration générale.

Des vœux ! Là se bornait son action.

On ne saurait douter un instant du but *économique* poursuivi depuis 20 ans. C'est bien l'exclusion du commerce chinois que l'on vise dans le préambule de la délibération du 1ᵉʳ décembre 1897, délibération dans laquelle le Conseil «Général déclare s'inspirer du danger que fait courir à cette Colonie l'invasion des Asiatiques, danger signalé à maintes reprises depuis 1883 » et aussi que... .

...Le commerce local est presqu'entièrement accaparé par les Asiatiques au détriment de nos nationaux, dont on écarte ainsi les mœurs et l'influence, au profit des mœurs et de l'influence Asiatiques....

Toutes les discussions auxquelles cette question a donné lieu ont porté en quelque sorte exclusivement sur le grief tiré de la concurrence commerciale, et très accessoirement, en dernier lieu seulement, sur des nécessités budgétaires évidemment invoquées pour voiler l'irrégularité de la taxe.

Mais, il n'est pas inutile de le prévoir, — si l'on songe que la taxe d'immatriculation et les chiffres qu'elle comporte n'ont été votés que *comme pis aller et en attendant mieux* — (1) en admettant que les commerçants chinois, par de nouveaux profits d'économie, puissent, cette année, résister à cet énorme accroissement du chiffre de leurs patentes (2). Que se passera-t-il l'année prochaine ? Si l'arrêté du Gouverneur du 22 Décembre 1898 est transformé en Décret et que l'assiette et le mode de perception de cette prétendue taxe d'immatriculation soient ainsi définitivement fixés, le Conseil Général qui est maitre du tarif, sur lequel il statue seul et non moins définitivement, ne pourra-t-il pas l'augmenter encore afin de mieux atteindre le but qu'il poursuit ? L'affirmative n'est pas douteuse. La physionomie de la séance du 2 août 1898 ne permet pas de s'y tromper. (1)

On le voit, le caractère économique de la taxe s'impose, de quelque manière que l'on envisage la question. Il faudrait donc, si le péril actuel n'existait pas, pourvoir de suite à celui de demain, ce qui ne semble pouvoir se faire efficacement que par un refus de sanction du principe même de la taxe.

Mais il faut examiner cette taxe à un autre point de vue encore.

VII.

Il paraît évident que le Conseil Général ne peut, en votant l'impôt, s'écarter des

---

(1) V. Recueil des délibérations du Conseil Général de 1797-1898 Page 473.

(2) Les Commerçants imposés à 606,10 par exemple patent aujourd'hui 1806,10! Soit le triple environ pendant que leurs concurrents étrangers ou français paient toujours 609,10.

principes fondamentaux sur la matière. Il ne serait pas raisonnable en effet de reconnaître, par exemple, à ce Conseil des droits supérieurs à ceux que peut exercer le Parlement lui-même à l'égard des étrangers protégés par des traités internationaux. Or, il ne semble pas que ce Parlement ait jamais taxé un individu ou une catégorie d'individus à raison de la nationalité ou de la race. Il a bien, il est vrai, par la loi du 8 Août 1893, imposé des règles de police à tous les étrangers, mais il ne les soumet à aucune taxe, malgré des propositions faites en ce sens, fondées sur ce qui existe en Portugal (2 50 par trimestre) en Suisse (1.50 par an) et enfin en Prusse, où les marchands *ambulants* étrangers sont imposés à 72, 90 et 180 francs ,selon l'importance de leur commerce. L'exemple de la Prusse n'a pas paru suffisant à nos législateurs, qui se sont sans doute inspirés de ce principe que la première condition d'un impôt est d'être également réparti entre tous (1). Celui voté le 17 Décembre 1898, ne remplit certainement pas cette condition puisque, s'il est considéré comme un impôt sur les Asiatiques, il devrait frapper tous les Asiatiques, et que, considéré comme un impôt sur les commerçants, il devrait frapper tous les commerçants. Or il ne frappe qu'une catégorie d'Asiatiques, les marchands, et qu'une race de marchands, les Asiatiques, progressivement avec le chiffre des patentes ordinaires et en triplant cette patente. Il n'y a donc pas l'égalité de répartition voulue par le législateur de 1789, ce qui doit faire repousser cet impôt.

Il n'est pas douteux que ceux qui ont inventé cette taxe, là où elle existe (2), se sont préoccupés de cette grave difficulté. C'est évidemment avec l'espoir de la vaincre qu'ils ont pris le soin d'affubler cet impôt de la rubrique « TAXE D'IMMATRICULATION DES COMMERÇANTS ASIATIQUES, » sachant que sa désignation sous son véritable nom de PATENTE SUPPLÉMENTAIRE » (3) l'eût vouée au sort de celle semblable votée à la Guyane le 25 Novembre 1887 (4). Mais n'est-ce pas ici le moment de rappeler que la loi ne permet pas de faire indirectement ce qu'elle défend de faire directement, et la préoccupation des promoteurs de la taxe d'en dissimuler la nature sous un nom d'emprunt, n'est-elle pas l'hommage inconscient peut-être, mais néanmoins éclatant et formel rendu à cet axiome, à cette vérité légale ?

<h3 style="text-align:center">VIII.</h3>

Sa Majesté l'Empereur des Français et Sa Majesté l'Empereur de Chine, animés l'un et

---

(1) Déclaration des Droits. 22 Août 1789.

(2) Cochinchine, Tonkin, Madagascar.

(3) V. la dépêche du Ministre du 13 Mai 1898 où il est dit : « Il me paraîtrait suffisant « pour atteindre ce but de frapper les Chinois résidant à Tahiti d'une taxe d'immatriculation formant supplément à la patente et qui serait dans une proportion déterminée avec celle-ci, suivant le genre de commerce des contribuables. »

(4) Le Conseil Général de la Guyane, par délibération en date du 25 Novembre 1887, avait frappé d'impôts très lourds les Chinois qui se livraient au commerce dans la colonie Un décret du Président de la République rendu le 6 février 1888 a annulé cette délibération.

l'autre du désir de mettre un terme aux différends qui se sont élevés entre les deux empire et voulant rétablir et améliorer les relations d'amitié, de commerce et de navigation qui ont existé entre les deux puissances comme aussi en régulariser l'existence, en favoriser le développement et en perpétuer la durée, ont résolu de conclure un nouveau traité, basé sur l'intérêt commun des deux pays et ont en conséquence nommé pour leurs plénipotentiaires, savoir, etc. — Lesquels après avoir échangé leurs pleins pouvoirs, qu'ils ont trouvés en bonne et due forme, sont convenus des articles suivants:

ART. 1. — Il y aura paix constante et amitié perpétuelle entre sa Majesté l'Empereur des Français et sa Majesté l'Empereur de Chine, ainsi qu'entre les sujets des deux empires, sans exception de personne ni de lieux.

Ils jouiront tous également dans les Etats respectifs des hautes parties contractantes, d'une pleine et entière protection pour leurs personnes et leurs propriétés.

Tels sont les termes du traité international de paix, amitié, commerce et navigation, passé avec la Chine le 27 juin 1858, rendu exécutoire par décret du 12-22 janvier 1861, et maintenu par le nouveau traité conclu à Tien-Tsin le 9 juin 1885.

Les exposants croient pouvoir appuyer leur pétition sur les dispositions de cet acte diplomatique. Il exclut, par l'esprit qui l'a dicté autant que par la précision et la généralité de ses termes, toute mesure anti-amicale et par conséquent tout acte d'hostilité contre les Chinois dans les Etats français et, par réciprocité, tout acte de même nature envers les Français sur le territoire du Céleste-Empire. Imposer aux Chinois et spécialement aux commerçants chinois des taxes dont sont affranchis les autres commerçants étrangers est un acte anti-amical et hostile, et par conséquent une atteinte portée à ce traité. Si la proposition étant renversée, les commerçants français avaient à apprécier une mesure de cette nature prise contre eux en Chine, n'invoqueraient-ils pas, et à bon droit, les dispositions protectrices de ce contrat international ? L'affirmative n'est évidemment pas douteuse.

Tahiti, incorporé au territoire français par la loi du 30 décembre 1880, est un des lieux où les Chinois ont le droit de venir s'établir en toute liberté et où ils peuvent placer leurs personnes et leurs biens sous la protection de la France et de ses lois.

C'est cette protection qu'ils sollicitent aujourd'hui en priant respectueusement le Gouvernement de refuser, pour toutes les raisons plus hauts déduites, l'exequatur à la délibération du Conseil général des Etablissements de l'Océanie en date du 3 décembre 1898.

Papeete, le 20 février 1899.

A. GOUPIL,

défenseur.

ANNEXES

Le Gouverneur des Établissements français de l'Océanie, Chevalier
de la Légion d'honneur, Officier d'Académie,

Vu l'article 25 du décret du 28 Décembre 1885 sur le Gouvernement de la colonie ;
ensemble les articles 40, 43, n° 5, et 44, combinés du décret de même date institutif du
Conseil général;

Vu les délibération et vote de cette assemblée, en date du 3 décembre 1898 ;
Le Conseil privé entendu,

ARRÊTE :

Art 1er. Est rendue provisoirement exécutoire et sous réserve de la ratification du Président de la République, la délibération ci-annexée du Conseil général en date du 3
décembre 1898, établissant, à compter du 1er janvier 1899, une taxe d'immatriculation
spéciale aux Chinois résidant dans la Colonie et payant une ou plusieurs patentes et licences.

Art. 2. Le présent arrêté sera enregistré et communiqué partout où besoin sera, publié au *Journal officiel* et inséré au *Bulletin officiel* de la Colonie.

Papeete, le 22 décembre 1898

G. GALLET.

Session ordinaire du Conseil Général

Séance du 3 décembre 1898.

Dans sa séance du 3 décembre 1898, le Conseil Général, délibérant et votant en exécution des articles 40 et 43 du décret du 28 décembre 1885, a adopté les disposition dont la teneur suit :

« Est établie une taxe d'immatriculation spéciale aux Chinois résidant dans la colonie et
« payant une ou plusieurs patentes et licences.

« Les Chinois sont divisés en six catégories au point de vue des droits d'immatricu-
« lation.

« La catégorie hors classe comprend tous ceux payant 501 fr. et au-dessus, de patentes
« proportionnelles et fixes ou de licences. . . . .   1.200 fr.
« La 1re catégorie comprend tous ceux payant de 401 à 500 fr. de patentes.   1.000 fr.
« La 2e catégorie comprend tous ceux payant de 301 à 400 fr. de patentes.   800 fr.
« La 3e catégorie comprend tous ceux payant de 201 à 300 fr. de patentes.   600 fr.
« La 4e catégorie comprend tous ceux payant de 101 à 200 fr. de patentes.   400 fr.
« La 5e catégorie comprend tous ceux payant moins de 100 fr. de patentes.   100 fr.

« Pour les nouveaux immigrants ces droits sont décomptés par quart, suivant le tri-
« mestre de leur arrivée dans la colonie.

« Les Chinois agriculteurs, maraîchers et domestiques sont exempts de la taxe d'imma-
« triculation.

« Sont applicables à la taxe ci-dessus désignée, les règles sur l'assiette, la liquidation et la
« perception établies dans la colonie en matière de contributions directes et notamment cel-
« les édictées par l'arrêté local du 16 février 1881 »

Papeete, le 17 décembre 1898.
Le Président du Conseil général,
CARDELLA.

Vu pour être annexé à l'arrêté de ce jour :
Papeete, le 22 décembre 1898.
Le Gouverneur,
G. GALLET.

ÉTABLISSEMENTS FRANÇAIS DE L'OCÉANIE.

CONTRIBUTIONS DIRECTES.

AVERTISSEMENT.

M. Wa-Ong N° 695,

demeurant à *Papeete* est prévenu qu'il figure sur le rôle pp^{al} des contributions de l'année 1899 pour une somme de *mille huit cent neuf francs dix centimes,* payable au Trésor de la colonie, conformément aux arrêtés des 16 février 1881 et 25 janvier 1883 ;

Savoir :

Taxe d'immatriculation		1200	»
Patente	Proportionnelle	336	»
	Fixe	262	50
Formule de patente		10	»
Frais d'avertissement		0	60
Total		1809	10

Papeete, le 31 janvier 1899.

Le Chef du Bureau des Contributions,

Signé : MILLER.